La piel cantaba

CÁLAMO
POESÍA

#36#

Elisa Martín Ortega

La piel cantaba

CÁLAMO POESÍA
Colección dirigida por
César Augusto Ayuso

ISBN: 978-84-19964-25-0
Dep. legal: P-258/2024

Printed in Spain - Impreso en España
Imprime Gráficas Zamart (Palencia)

Edita: Menoscuarto Ediciones
        Cardenal Almaraz, 4 - 1.º F
        34005 PALENCIA (España)
        Tfno. y fax: (+34) 979 70 12 50
        correo@menoscuarto.es
        www.menoscuarto.es

«¿Y teniendo yo más vida,
tengo menos libertad?»

CALDERÓN DE LA BARCA

INICIO

Me da miedo escribir.

Que se me caiga al suelo
la mano del secreto;
que busque, mi manita,
un dedal plateado
para coger
el lápiz sin dolor.

Yo la miro en silencio.
La miro
como quien descubre una herida nueva:
la sangre
que traza un río
hasta su origen.

Mi mano por el suelo
toca, se afana
sin que mi corazón
se estremezca, sin que mis pulmones se vacíen.
Me devuelve la forma exacta
de las cosas; deseo,
por una vez,
que me acaricie.

NOCTURNO

I

Amanece temprano.
Exploro la penumbra
y me escondo de este rayo de luz
que interrumpe mi sueño.

Porque es mi sueño
lo único que deseo cuidar.
Y volverme minúscula,
no pesar nada,
que mi cuerpo no se hunda en la almohada,
y que su levedad
no deje marca en el colchón.

Me aterra
la cama grande,
y me imagino
estar durmiendo
en una cáscara de nuez;
guardar mis hermosos vestidos
en una cáscara de nuez.

Si no amanece
me pondré un vestido de estrellas,
si no amanece.
Un vestido de noche
para aguardar
el alba que no llega.

El deseo de noche
es el preludio de un encantamiento.

Y ojalá la realidad de mis manos
grandes, y de mis pies
grandes, que tocan
el borde de la cama,
no fuera más que un sueño.

Ojalá la belleza
de lo oscuro durara
un poco más,
y me cubriera
de pétalos
en la pequeña cáscara de nuez,
pequeña
como la uña del dedo meñique,
amoratada,
negra, brillante,
amarillo limón,
resplandeciente.

II

El dolor que protege.

Una espina clavada
en el centro del pecho
que me devuelve a mí;
pues muestra los contornos
de lo real,
de un cuerpo que no es
transparente, ni puede
ser explorado
sin abrir una herida en su interior.

Ese cuerpo soy yo.
Pero sólo el dolor
me lo confirma.

La opresión que va y viene
me recuerda al sufrir
del nacimiento.
Y miro mi piel joven
y su interior sombrío.

Nada puede nombrar lo que no siento,
la punzada que emerge
muda y poderosa
y no me deja escaparme. No me deja.
Me secuestra y sólo existe mi pecho.

III

Me duele.

La pierna izquierda,
el dedo pulgar y el talón derecho,
las corvas, las costillas,
los nudillos de un dedo.

El dolor
recubre el cuerpo.
Me llama y me secuestra
como lo hace el amor.
Trae consigo el silencio.

Y cómo decir qué me duele hoy.
Cada miembro recuerda
sus pasos, sus chasquidos,
su aliento.
Su memoria es el poso
de los días.

Espero que atraviesen
tus caricias mi piel,
que me toquen los huesos doloridos
por tantos corazones
partidos,
por tantas angosturas,
por los frutos intactos.

IV

Me da miedo la sangre.
Por vez primera
me aterra su belleza
roja
y la querría rosa pálido, naranja, transparente.

Mi sangre
hoy ya no es el ovillo
de la tristeza,
es
el sobresalto
de una espada que corta y que deslumbra.

Deseo no verla más. Nunca más
mi sangre fúlgida,
resplandor que ataca a la vista,
que llena los ojos con su recuerdo,
que hace temblar la mano
que la sostiene,
y que oscurece el mundo
con un brillo que no marchita,
que no marchita.

V

Un soplo ha deshojado
mi mano,
y me ha arrancado un pétalo.

Se ha deslizado
entre los dedos y ha
caído.

No consigo encontrar en mí la herida,
pero lo veo suspendido
como un copo de nieve,
o tendido en el suelo
cual un niño muerto.

Y sueño que ha salido
de mi garganta,
manojo
de tallos y de nervios.

Mi garganta sin flores,
sin lágrimas

y sin corteza
es un túnel vacío,
rígido y deseoso
de que germine
el llanto.

VI

El cielo azul
de esta mañana
ha robado mi llanto.
Se lo ha llevado
con su luz, y me ha dejado sin voz,
sin cuerpo, ni un dolor donde ocultarme.
La realidad no existe.
Oigo mis palabras en un mundo dibujado
que no es un sueño.

Si tan sólo hallara una lágrima
para tocarla,
para que su humedad me recordara
el fluir de la lluvia
que, ella sí,
penetra hasta los huesos,
y moja mi cabello,
y es tan real
como esta pena que tengo clavada
en el hombro derecho,
en el brazo derecho,
en la mano derecha.

Pero el azul celeste
–cruel
asombro–
hoy destruye las lágrimas,
y me ha dejado sola,
y el sol esconde ahora mi refugio,
y me toco y sólo atisbo una sombra.

VII

Se abren mis ojos
cada mañana
antes de que amanezca.
La oscuridad
corta mis párpados.
Y tiembla el velo
que ha tejido la noche entre los labios.

No sé dónde estoy.
No sé cómo me llamo.
Busco tu cuerpo
para encontrar mi piel.
Mi piel
que solo existe
entre tus brazos.
Y toman forma
los tenues dolores que me conducen
al lecho, a la vigilia, al tacto.

Noto el aire que corre
dentro de mí:

un viento frío
que abre estancias sin alma,
y sopla en mi pecho, en mis oídos
silba y no tararea una canción.

Mis manos, de repente vigorosas,
oprimen tus manos,
y ansío que me llenes
de órganos, de sangre.

Antes de que despunte el día soy
solo una boca.
Los dientes y la lengua temerosa
ya no guardan mis sueños.
La noche me ha sumido
en un hoyo de ayuno,
en un arroyo
sin cauce.

VIII

Recuerdo haber dibujado una mano
cuyos dedos lloraban.
Caían de sus uñas
unas gotas redondas.

La huella de mi mano
era una línea abierta;
si un trazo la cerrara
sería un corte
seco, un dolor.
Así que la muñeca se perdía
en la blancura, y dentro
guardaba el haz,
verde intenso, de mi tristeza.

Tantos años después
sueño con esa mano
lluviosa y huérfana.
La querría borrar
con una goma suave,
y alumbrar una hoja blanca, como el envés
de las hojas del álamo
en primavera.

IX

No abandona el deseo.
No abandona este día
con su calor intenso.
Un deseo extraviado que me aparta
de lo sensible,
y sólo sabe decir: *quiero, quiero, quiero.*

Huérfano
de amor.
Corazón puro.
Esos dientes que muerden:
los labios ya no son
frontera del dolor.

El deseo
me deja sola
y me despoja
de mi voz y mi piel.
Muda,
veo correr la sangre.
Me entrego al viento,
que entra en mi
cuerpo sin piel.

Y quisiera decir: *renuncio,*
y encontrar las palabras del retorno.
Mas el gemido de la boca, del sexo, de los ojos
calla en mi garganta, sólo respira,
se hunde hasta un pecho
vacío y deseoso
de ahogarse en lo más hondo,
en un pozo de aire,
en un hoyo de luz.

X

Las palabras no dicen
ningún secreto,
han perdido su música
y su lugar
entre las otras
palabras.

Cada una camina
sola y yerra el camino.
Las palabras no salen de mi boca,
se quedan dentro,
merodeando entre los dientes,
tiñendo la saliva,
y sus ecos resuenan
en mi garganta.
No hablan del mundo
estas palabras.
No pueden separarse
de los tejidos:
son figuras bordadas en la piel,
restos de rostros
cosidos a la lengua.

Y sin embargo suenan.
Oigo mis palabras y me sorprende
no haber perdido
la voz.

Me escucho como quien
escucha una tormenta en alta mar.
Y solo estoy pronunciando los nombres,
los nombres solitarios de las cosas.

Mi boca es la caverna
donde se pierden
los deseos más íntimos.
Sin querer los ahogo,
los trago, sin querer.

XI

Mi corazón
es solo un músculo
que palpo con temor.
Tocan mis yemas
el contorno del pecho
y se colocan junto a las costillas.
Allí la piel
amplifica el latido,
y las manos huyen, despavoridas.

El corazón
no cesa.
Lo oigo
de madrugada,
lo oigo
cuando hay silencio;
el silencio es su alma.
Y busco ruido,
bullicio, gritos,
para escapar
de sus latidos.

Es terrible tener un corazón
en el centro del pecho.
Es el ritmo del tiempo,
la música
de un chubasco incesante,
la voz que nunca puede enmudecer;
y no dice palabras
y baila, baila, baila.

CANCIÓN

Cantaba
la piel,
cucú.
Robaba
la flor,
cucú.
Amaba
sin voz,
cucú.
Palpaba
temor,
cucú.
Tocaba
la música,
perdía
la lágrima,
a tientas
cosía,
cucú,
mi piel.

La luna
tirita
de agua,
cucú.
La noche
temblaba.

ENCANTAMIENTO

I

Hoy te voy a romper el corazón,
me anuncias.
Vas dibujando líneas en mi pecho
con tus manos pequeñas,
cortándome y cosiéndome la piel
mientras me agredes
y me cuidas con un gesto robado.

Tú me vas a romper el corazón.

¡Romper el corazón es tan real!

Me muestras
que el abandono es barro moldeable
entre tus dedos.
Yo juego con placer
a hacerme
pedazos.

Qué pena las palabras.
Las palabras que abandonan la boca
y se las lleva el viento;

las que no llenan la garganta,
ni anudan
ni rompen ni componen ni aprisionan,
ni ahogan desde hace tanto tiempo
ningún pecho, ninguna lengua, ningunos labios;
tan lejos de los dientes, de las uñas,
y de los cortes y caricias
que nos amparan.

II

Cómo me pides
que te quiera, que no calle el amor.

Pues de tanto perder
he perdido la voz;
un hilo de voz se ha enredado en mi pecho
y no deja escapar
el aire,
se va haciendo pequeño
como un guisante.

Mi voz en un guisante
que se clava
en el centro de mi espalda
y está abriendo una herida
enrojecida
de silencio.

Mi angustia es el silencio;
me ha vuelto diminuta,
y ahora por fin quepo
en el hueco de tu mano.

Espero que tú sientas
sobre la piel mis pasos,
que sepas
que puedes ahogarme al cerrar el puño,
que no hay amor
más invisible,
más lastimado,
más delicado
que mi languidecer
sobre tu mano.

III

(Pipe)

Recuerdo tu voz grave,
y cada vez que decías mi nombre
cuando era niña.

Te veo en un andén,
en una playa,
y en una casa mía
que ya no existe.

No sé por qué recuerdo
un día en que yo jugaba a esconder
un brazo bajo mi camisa, como
si fuera manca.

Y recuerdo una noche, adolescente,
en que nos encontramos por la calle:
cómo me ibas a dejar sola,
decías,
cómo me ibas a dejar sola.

Perdí mi infancia
al final de ese paseo nocturno;
olvidé entonces
el amor que renuncia
a ser,
que encuentra su sentido
en el no poder ser.

IV

Dice el cuerpo: mi amor.

Y las lágrimas caen
por la garganta
y llegan hasta el sexo.

Ojalá respirara
el amor en la piel.

Ojalá nos acercara la piel
al corazón.

El cuerpo roto
busca tocar
esta tarde una palabra:
mi amor.
Saber hallarte
con los ojos vendados,
palpar tu rostro
y convertirlo
en una máscara
de yeso.

V

Hoy deseo cuidarte,
y dejarme vencer por la nostalgia
de la caricia fugaz, de la mirada atenta,
mi compasión,
y tus lamentos.

Mis manos son hábiles criaturas
cuando te cuido.
Ya no están frías como el hielo,
no sobresaltan,
por una vez consuelan.
Mis manos de enfermera
que te quieren tocar,
que quieren que te dejes
tocar,
y abrirte el cuerpo.

La piel es mi barrera.
Pero al cuidarte
recobro el pulso, la sangre llega hasta la punta
de mis dedos, los labios se humedecen,

los ojos ven y tocan una piel
que abre mis poros,
que me da aire.
Respiro junto a tu rostro y te ofrezco
mi aliento como último
refugio.

VI

El rostro en el espejo
no es mi reflejo,
sino una promesa que desconozco.

Me toco con las manos,
las mismas manos
con las que recorro la suave piel
de mis hijos. Sus caras
caben en una palma;
no necesitan
espejo.

Te miro.
Deseo que tus ojos
me reflejen, descubran
lo que no tengo.

Ojalá me pidieras
aquello que no puedo darte.
¡Pues qué feliz me haría
mostrarte mis heridas,
que me exigieras
las cosas imposibles,
y saber ofrecerte mi fracaso!

VII

Narciso era un muñeco,
un cuento y una flor.
Mi mano en el espejo
hundía
los dedos,
pintaba
las huellas,
buscaba
tu cuerpo,
Narciso,
el eco,
reflejo
del sol.

VIII

Me pregunto dónde estás cuando duermes.
Te he visto acurrucado.
Tu cuerpo cálido,
dichoso,
me ha dado envidia.

Me he tumbado a tu lado.
He sentido que cabes
en mi regazo.

He pensado en mi cuerpo
de niña,
pues aún no sé cuándo lo perdí.
Ni sé por qué, después de tantos años,
lo lloro todavía.

Tu cuerpito es efímero
como una flor.
Un día ya no estará ante mis ojos,
un día
no sabré cómo eran

la suavidad
o la tibieza.

Espero que la piel tenga memoria;
te cuido
y mi amor deja un rastro de dolor.

IX

Cuando yo era pequeño,
dices ahora,
cuando yo era pequeño.

Buscas una respuesta y mi rostro se sorprende.
Quizá por eso tengas tanto miedo.

Eres pequeño y estás
abandonado,
hoy que miras atrás
en busca de tu sombra.

Yo te oigo y no acabo de creerme
que sepas qué es el tiempo.
Nadie te lo ha enseñado,
el agujero
del tiempo.

Te escucho
y siento tus palabras:

antes era un bebé,
antes pesaba poco,
antes lloraba mucho.
No sé qué significa
en tu boca
antes.

Y sin embargo dices la verdad,
la única
verdad.

Sólo nos queda la melancolía
a ti y a mí
para querernos.

X

Lo que olvidamos
te asalta
en medio de un paseo vespertino
y soleado.
El aire es diáfano
y tú preguntas
por qué ya no recuerdas el pasado.
Preguntas
si olvidaremos también esta tarde.

Me pides la memoria
de tus primeros años.

Esta imagen ha entrado
en lo remoto
de una vida que se está deshaciendo
ante mis ojos
mientras clavo mi pupila en el fondo
de tus ojos marrones.

XI

Me cuentas esta tarde
que no soy quien creía;
no soy
la mano que encuentra bajo tierra
un residuo,
tierno y doloroso
del desencanto;
no soy
una boca que escarba,
no soy unos ojos cegados
por la ventana que has abierto.

Hoy mi cuerpo está cubierto de tierra.
Imagino que mastico
polvo.
Me hiere tu mirada limpia;
no quiero
que me veas
en un espejo,
ni que me muestres
una imagen
de mí.

Me concentro en formar,
con las palmas de mis manos,
una bola de tierra.
Hundo mis pies en el barro,
me hago un ovillo y mis cabellos
caen
cual una piel inerte.

Ojalá pudieras mirarme,
cubrir mi piel con más arena, fango
húmedo
que hiela los contornos de mi cuerpo,
que silenciosamente
atrapa mis dedos inmóviles,
y pesa sobre mi pecho,
pesa tanto
que mi respiración agrieta
esa tierra
muda,
donde solo se oye el latir
de un corazón.

XII

Busco tu boca abierta,
la piel tibia y la fuerza
de tus brazos. Tus brazos
como ramas de un roble antiguo y seco.

Mi boca
cerrada,
conduce a un lazo
que aprieta
y no deja que crezcan
los sabores, los besos, las palabras.
Todo se extingue
tras mi garganta.

Y qué manos desharán esta herida.
Qué manos
recordarán el dulce
chocolate caliente,
su tacto
de terciopelo.

Mis manos se humedecen,
y asustan, de tan frías.
Me asustan a mí cuando
me toco.

El habla y la comida
son hoy la misma cosa.
Quién tuviera una boca
para besarte.

XIII

Miro en tus ojos y no veo rastro
del polvo, ni del polen, ni semillas.
Ha cegado mis pupilas un hálito
diáfano.
Busco un soplo que empañe nuestro espejo.

Y empiezo a desear que las pelusas
floten ya por el aire,
tocar
tus labios púrpura y guardar su forma
entre mis dedos.

Tu voz desprende olor a fuego, deja
huellas en el vidrio. Rompe a llover
sobre los cuerpos
cristalinos, y ansío en la tormenta
hallar tu piel,
tapar tus alas.

Quiero envolverte
como se abriga a un niño cuyas lágrimas

saben a sal, enrojecen los ojos,
manchan las manos.
Los besos que perdimos son hoy huecos
en el pecho inflamado.

La oscuridad nos abre sus parajes.
Reina en ella el peligro de encontrarnos.

En el fondo del aire, yo te cubro
de plumas,
de noche,
de grano tierno,
en un enjambre
de miel y barro.

XIV

Pienso en tus labios.
Y en el velo que oculta
tus labios.

Me recuerda
la voz que hemos perdido.

Es
la boca que enmudece,
el beso sin saliva;
y las palabras,
despojos
de los dientes armados de silencio.

Por las calles hoy busco los retazos
de una sonrisa;
la boca absorta,
mi nombre
pronunciado por un desconocido.

XV

Yo tengo un bebé en la barriga.
Tengo un bebé.
Es mío,
me cuentas satisfecho esta mañana,
todavía en la cama,
con una mirada de astucia
y de deseo.

Solo las mamás llevan bebés dentro,
te respondo,
intuyendo tu enfado,
jugando a que te enfades,
jugando a tener lo que no tienes.

Todavía me acecha
la muerte,
el pensamiento
de poder eludir
la muerte.
No despedirme nunca de mi piel:

capullo,
crisálida,
cuerpo que ofrece
heridas como pétalos,
la suavidad
de una prisión
oscura.

La piel es una noche
oscura.

XVI

¡Despierta!,
dices mientras pasas los dedos
por mis ojos cerrados,
que no dormidos.
Pues a tu lado ya no sé dormir.

Y la angustia da forma a tu voz cuando repites:
¡despierta!
Y no sé por qué juego
a no estar: a que busques tras mis párpados
esos ojos que te miren solo a ti.
Recorres mi rostro
con las manos,
y te apoyas en mi pecho,
que duele.

Abro los labios
para calmarte,
pero es tarde y me arañas;
suplicas: *¿dónde estás?*

Tu miedo a que el sueño me lleve
lejos de ti
es también mi miedo.

Abro los ojos y te alegras,
aunque no sabes
lo que hemos perdido entre los pliegues de las sábanas,
esta noche también.

Y no cesa el dolor;
siento que de las yemas de mis dedos
crecen ramas,
flores que nos encierran;
y busco la sangre sin hallarla,
mientras trepas por mis hojas
y te vistes con mis pétalos,
y de repente nuestro cuarto ya es un bosque
sin hadas,
y mi cuerpo permanece tendido,
para que tú te cubras con mi piel.

FINAL

He perdido un poema.

Lo escribí al recordar
tu rostro soñoliento,
la imagen de tu boca cuando duermes.
Lo escribí deseando
poder leer tus labios.

Mas el contorno
de tu boca carece
de nombre.

El poema extraviado no tenía
la forma de tus labios.

A veces los labios
toman conciencia
de su labor:
los golpes, vibraciones
al pronunciar
las consonantes,
tan arduas y tan solas.

Me imagino tu boca
de escarcha,
de porcelana,
de agua
fluvial,
de lino;
confín
doliente y cristalino,
cauce de las palabras.

Pues la boca es el pozo
de la escritura,
el hueco
del desencanto.

Índice